BEI GRIN MACHT SICH IHR WISSEN BEZAHLT

- Wir veröffentlichen Ihre Hausarbeit, Bachelor- und Masterarbeit

- Ihr eigenes eBook und Buch - weltweit in allen wichtigen Shops

- Verdienen Sie an jedem Verkauf

Jetzt bei www.GRIN.com hochladen und kostenlos publizieren

GRIN

Barbara Reif

Open Innovation - der Kunde als Wertschöpfungspartner in der Innovation

GRIN Verlag

Bibliografische Information der Deutschen Nationalbibliothek:

Die Deutsche Bibliothek verzeichnet diese Publikation in der Deutschen National-
bibliografie; detaillierte bibliografische Daten sind im Internet über http://dnb.d-
nb.de/ abrufbar.

Impressum:

Copyright © 2008 GRIN Verlag GmbH
Druck und Bindung: Books on Demand GmbH, Norderstedt Germany
ISBN: 978-3-640-29456-5

Dieses Buch bei GRIN:

http://www.grin.com/de/e-book/124368/open-innovation-der-kunde-als-wertscho-
epfungspartner-in-der-innovation

FERNUNIVERSITÄT in Hagen
Fakultät für Wirtschaftswissenschaft

Seminararbeit im Diplomstudiengang
über das Thema:

Open Innovation
– der Kunde als Wertschöpfungspartner in der Innovation

Seminar/Übung   Organisation und Planung
bei
Matr.-Nr.
Vorname, Name   Barbara Reif
Anschrift
E-Mail
Abgabedatum   10. Oktober 2008

Inhaltsverzeichnis

1 Einleitung 1

2 Open Innovation als eine Form der interaktiven Wertschöpfung 2

   2.1   Bedeutung von Open Innovation 2

   2.2   Instrumente von Open Innovation 3

3 Nutzen und Grenzen von Open Innovation 4

   3.1   Nutzen und Grenzen aus Sicht der Kunden 4

   3.2   Nutzen und Grenzen aus Sicht der Hersteller 6

4 Wettbewerbsvorteile durch Open Innovation 9

5 Fazit und Ausblick 10

Literaturverzeichnis 12

1 Einleitung

Unternehmen geraten in Zeiten des globalen Wettbewerbs und immer kürzer wer-
dender Produktlebenszyklen unter starken Innovationsdruck, um den sich immer
schneller ändernden Kundenwünschen gerecht zu werden.

Die Misserfolgsquote innovativer Produkte ist dabei erschreckend hoch: Sie
schwankt zwischen 35% und 60% auf Konsumgütermärkten und zwischen 25% und
40% auf Industriegütermärkten.[1]
Gründe für die Erfolglosigkeit liegen darin, dass diese Produkte entweder die Bedürfnisse der Kunden nicht besser befriedigen, als die am Markt erhältlichen oder
keinen neuen Markt für ein Produkt schaffen, das bisher noch nicht existierte.[2]

Da letztlich die Nachfrage über den Erfolg der Produkte entscheidet, scheint die
Einbeziehung des Kunden in den Innovationsprozess des Unternehmens, die so
genannte Open Innovation, eine Möglichkeit zu sein, das Innovationspotenzial und
durch die frühe Ausrichtung auf die Präferenzen der Konsumenten gleichzeitig die
Erfolgsquote zu erhöhen.

Diese Arbeit soll zeigen, inwieweit Unternehmen durch Open Innovation Wettbewerbsvorteile erzielen können. Dabei werden zunächst Bedeutung und Instrumente
von Open Innovation dargestellt. Hiernach werden Nutzen für Kunden und Unternehmen erörtert. Schließlich sollen mögliche Grenzen der Open Innovation aufge-
zeigt werden.

[1] Vgl. Lüthje, C.: Kundenorientierung, 2007, S.41
[2] Vgl. Reichwald, R./Piller, F.: Open Innovation, 2006, S. 107

2 Open Innovation als eine Form der interaktiven Wertschöpfung

2.1 Bedeutung von Open Innovation

In der Praxis ist die Generierung von Innovationen ein in der F&E-Abteilung unternehmensintern vollzogener Prozess. Idealtypisch durchläuft dieser die Phasen (1) Ideengenerierung, (2) Konzeptentwicklung, (3) Prototyp, (4) Produkt-/Markttest und (5) Markteinführung. In diesem geschlossenen Modell, dem Costumer-Active-Paradigm, ist es Aufgabe des Herstellers, Informationen über Kundenbedürfnisse in Lösungen, sprich Produkte oder Dienstleistungen, umzuwandeln.

Die Rolle des Kunden, also dem Nutzer einer Leistung, der sowohl ein Unternehmen als auch eine Privatpersonen sein kann, ist passiv und beschränkt sich auf die Bereiche der Marktforschung und Produkttests.

Die Gefahr, am Markt vorbei zu produzieren, ist dabei groß. Eine aktuelle Studie von 480 Firmen in Deutschland zur Effektivität des Innovationsmanagements belegt, dass F&E Abteilungen wegen schlecht strukturierter Erfassung nicht genug über Kundenwünsche wissen. „Ein Drittel [der Firmen] gibt sogar an, dass die Vorlieben der Kunden kaum eine Rolle bei der Produktentwicklung spielen."[3]

Das Konzept von Open Innovation nach Reichwald/Piller legt der Kundenrolle ein neues Verständnis zugrunde, in dem die aktive Kundeneinbindung entscheidend ist. Es betont die systematische Integration von Kundenwissen und -aktivitäten ausgewählter Nutzer in den Phasen (1) bis (5), so dass eine interaktive Wertschöpfung im Sinne einer gemeinschaftlich generierten Innovation entsteht. Der Interaktionsprozess zwischen Hersteller und einer Vielzahl an Kunden vollzieht sich in Form einer gezielten, dabei verhältnismäßig informellen und vor allem partizipativen Koordination.[4]

Die Zusammenarbeit beschränkt sich hier auf den Innovationsprozess zur Entwicklung neuer Produkte für einen größeren Abnehmerkreis. Bezieht sich die Kooperation auf den Produktionsprozess zur Entwicklung eines individualisierten Produktes für einen Abnehmer, spricht man von Mass-Customization.[5]

---

[3] Wildemann, H.: Innovation, 2008, S. 9
[4] Vgl. Reichwald, R./Piller, F.: Open Innovation, 2006, S. 96
[5] Vgl. Reichwald, R./Piller, F.: Open Innovation, 2006, S. 45

2.2   Instrumente von Open Innovation

Zur aktiven, strategischen Einbindung geeigneter Kunden und Lösungen bedient sich der Open Innovation Ansatz verschiedener Instrumente wie Lead-User Methode, Toolkits for Open Innovation, Innovationswettbewerbe und Communities for Open Innovation.

(1) Lead-User-Methode: In der Praxis konnte festgestellt werden, dass vermehrt Produkte in die Märkte gelangen, die von passionierten, einfallsreichen Konsumenten, so genannten Lead-Usern, ausgedacht und produziert wurden. Solche Kundeninnovationen ohne Herstellerbeteiligung sind bekannt als Costumer-Active-Paradigm und bilden den Gegenpol zum Manufacturer-Active-Paradigm. Von Hippel wies schon 1988 nach, dass über 80% der wichtigsten wissenschaftlichen Instrumente von Kunden entwickelt wurden.[6] Im Konsumgütermarkt finden sich Kundeninnovationen wie z.b. Skate- und Snowboard. Auch das Kite-Surfen ist eine Entwicklung von Nutzern, die in diesem Fall sogar einen neuen Markt kreierten.

Lead-User unterscheiden sich von durchschnittlichen Konsumenten durch ein Bewusstsein für zukünftige Markttrends, weil sie früher ungestillte Bedürfnisse haben und daher Eigenlösungen entwickeln.[7] Im Sinne des Open Innovation Ansatzes gilt es, diese Lead-User zu finden und in den Innovationsprozess einzubinden.

Die Gewinnung von Lead-Usern erfolgt in einem vierstufigen Prozess, der mit der Marktbestimmung beginnt, über eine Trendanalyse zur Identifikation der Lead-User führt und in kooperativen Entwicklungsworkshops endet. Das Verfahren erstreckt sich i.d.R. auf vier bis neun Monate.[8]

(2) Toolkits-for-Open-Innovation sind internetgestützte Werkzeuge, die den Nutzer befähigen, die eigenen Bedürfnisse selbständig in neue Produktkonzeptionen zu übertragen, wobei ein kontinuierliches Feedback des Entwicklungsstandes übermittelt wird. Ziel ist es, den aufwendigen Problemlösungsprozess auf den Kunden zu übertragen und den Zugang zu implizitem Wissen („sticky information"[9]) zu erleichtern. Bei der Einrichtung solcher Plattformen sind vor allem die Benutzerfreundlichkeit und die fehlerfreie Übertragung der Lösung zum Hersteller sicher zu stellen.[10]

---

[6] Vgl. von Hippel, E: Innovation, 2006, S. 22
[7] Vgl. von Hippel, E: Innovation, 2006, S. 22
[8] Vgl. Herstatt, C./ Lüthje, C./ Lettl, C.: Fortschrittliche Kunden, 2002, S. 62-64
[9] Vgl. von Hippel, E: Innovation, 2006, S. 67-68
[10] Vgl. Reichwald, R. u.a.: Innovationspartner, 2007, S. 32, 145

(3) Innovationswettbewerbe: Im Rahmen eines Ideenwettbewerbs fordert ein Unternehmen die Allgemeinheit oder eine spezielle Zielgruppe auf, innerhalb eines bestimmten Zeitraumes themenspezifische Beiträge einzureichen, die von einer Jury beurteilt und qualitätsbezogen prämiert werden. Ideenwettbewerbe dienen der Generierung von Input für die frühen Innovationsphasen und der Identifikation von Lead-Usern. Durch den Wettbewerb untereinander wird die Kreativität der Teilnehmer stimuliert.[11]

(4) Communities-for-Open Innovation sind Internetgemeinschaften und fördern die kollaborative Generierung und Bewertung neuer Ideen der Teilnehmer. Dabei hat das Unternehmen die Möglichkeit, neue Ideen bzw. Lead-User durch das Beobachten bestehender oder die Etablierung eigener Communities zu finden.[12]

Im folgenden wird unter Kunde ein Lead-User verstanden.

3. Nutzen und Grenzen von Open Innovation

3.1. Nutzen und Grenzen aus Sicht der Kunden

Die Beteiligungsrate, mit der sich Kunden durch Modifikation oder Neuentwicklung in Innovationsprojekten engagieren, liegt je nach Branche zwischen zehn und vierzig Prozent.[13] Dabei stellt sich die Frage, warum Nutzer bereit sind, ihr Wissen z.T. in Form fertiger Prototypen oftmals sogar ohne Gegenleistung (bekannt als free-revealing[14]) einem Unternehmen preis zu geben, zumal nur der Hersteller den daraus entstehenden möglichen Gewinn einfährt.

Folgende Erklärung scheint nahe liegend: Oftmals sind die innovativen Nutzer eines Produktes in anderen Bereichen tätig als der Hersteller des Fabrikats, weshalb hier offensichtlich der Wettbewerbsgedanke fehlt.[15] Vielmehr liegt der Fokus der Lead-User in der Steigerung der Effizienz ihrer eigenen Tätigkeit. Die Unzufriedenheit mit dem bestehenden Angebot treibt sie dazu, selbst nach Lösungen zu suchen.[16]

---

[11] Vgl. Reichwald, R./Piller, F.: Open Innovation, 2006, S. 173
[12] Vgl. Reichwald, R. u.a.: Innovationspartner, 2007, S. 145, 167
[13] Vgl. von Hippel, E: Innovation, 2006, S. 21
[14] Vgl. von Hippel, E: Innovation, 2006, S. 77-91
[15] Vgl. von Hippel, E: Breakthroughs, 2006, S. 51
[16] Vgl. auch Herstatt, C./ Lüthje, C./ Lettl, C.: Fortschrittliche Kunden, 2002, S.61

Durch Offenlegung ihres Wissens in der Innovationskooperation tragen sie also Sorge dafür, dass sie zukünftig auf Produkte zugreifen können, die ihren individuellen Bedürfnissen oder technischen Anforderungen besser entsprechen.[17]

Der stärkste Nutzen liegt somit in der Eigennutzenmaximierung und dem Zuwachs an Zufriedenheit, den die Benutzung des neuen Produktes im Verhältnis zum bisher bestehenden Angebot erzielt.

Dies ist ein typischer, extrinsischer Nutzen, der von außen durch die Folgen der Tätigkeit und deren Begleitumstände befriedigt wird.[18] Die Beteiligung am Kooperationsprozess bedeutet in gewissem Masse auch ein Zuwachs an Autonomie, Kontrolle und Vertrauen in das herstellende Unternehmen. Die Teilnehmer erhalten ein Mitsprache- und Mitentscheidungsrecht, bekommen Einblicke in Funktionsweisen und Komponenten einer Lösung oder gar in Unternehmensinterna und können daher das Leistungspotenzial und die Grenzen eines Produktes besser einschätzen.[19] Im Resultat kann dies die Wahrnehmung des Produktes bzw. des Anbieters verbessern und die Zufriedenheit steigern.

Kunden profitieren von der Vergütung, die Hersteller immer häufiger in Form von Gewinnen bspw. im Rahmen eines Ideenwettbewerbs, Rabatten, Gratisprodukten oder Geldbeträgen vornehmen. So gibt es bei Innocentive, einer Plattform für Erfindungen, von den Herstellern Prämien von bis zu 1 Mio. US-Dollar für die Lösung ihres ausgeschriebenen Problems.[20]

Ferner gewinnen Kunden durch ihr Selbstmarketing, wenn sie anerkennende Feedbacks durch andere Teilnehmer bzw. den Hersteller bekommen und sich mithilfe ihrer gewonnenen Zusatzkompetenzen bzw. ihres guten Rufes innerhalb der Gemeinschaft Karriereperspektiven eröffnen. So hat die Firma Lego fünf Designer aus der Riege der Fans eingestellt.[21]

Ein intrinsischer (von innen kommender) Nutzen liegt für manche Kunden im Prozess des Innovierens selber, wenn sich die Teilnehmer beflügelt durch Spaß,

[17] Vgl. auch Herstatt, C./ Lüthje, C./ Lettl, C.: Fortschrittliche Kunden, 2002, S.61; Vgl. auch Reichwald, R./Piller, F.: Open Innovation, 2006, S. 142; Vgl. von Hippel, E: Innovation, 2006, S. 33-43; Vgl. Schreier, M./Mair am Tinkhof, A./Franke,N.: Analyse, 2006, S. 185-201; Vgl. Lüthje, C.: Kundenorientierung, 2007, S. 42
[18] Vgl. Reichwald, R./Piller, F.: Open Innovation, 2006, S. 142
[19] Vgl. Reichwald, R./Piller, F.: Open Innovation, 2006, S. 146
[20] Vgl. Innocentive: Challenges, 2008, o.S.
[21] Vgl. Bittelmeyer, A.: Croudsourcing, 2008, S.22

Abenteuer und Erfindungsreichtum von einer Aufgabe fesseln lassen und einen „Flow"-Zustand erreichen.[22] Auch der Stolz auf die vollbrachte Leistung erhöht die Zufriedenheit.

Manche ziehen ihren Nutzen aus der Zugehörigkeit zu der Erfindergruppe. Sie schätzen vor allem den sozialen Austausch, das Knüpfen und Pflegen von Freundschaften oder die stärkere Bindung zum Produkt/Unternehmen.

Ein anderer Nutzen kann im Altruismus liegen, weil der Teilnehmer gerne helfen möchte, ein bestimmtes Leistungsangebot zu verbessern, weil er sich mit der Marke oder Firma identifiziert, oder weil er grundsätzlich Innovations- und Entwicklungsprojekte unterstützt.[23]

Demgegenüber kostet die Kooperationsbeteiligung den Kunden Zeit und Aufwand. Beides wollen Nutzer minimieren. Neben diesen Interaktionskosten führen Reichwald/Piller psychologische Kosten an. Diese entstehen durch wahrgenommene Risiken, z.B. wenn Kunden befürchten, dass Aufwandsentschädigungen nicht gezahlt werden, sie selbst keine innovativen Beiträge leisten können, sie sich blamieren oder in Stress geraten könnten.[24]

Neben den Lead-User-Eigenschaften (siehe 2.2) erfordert Open Innovation auch Kommunikations- und Kooperationskompetenzen.

Eine Beteiligung an Open Innovation wird ein Kunde nur vornehmen, wenn sein wahrgenommener Nutzen größer ist als die wahrgenommenen Kosten. Hierin liegt die Schnittstelle zu den Risiken des Herstellers, der für die Minimierung des Aufwandes und die Maximierung des vom Kunden empfundenen Nutzen in der Abwicklung der Kooperation sorgen muss, um aus dieser selbst die im folgenden aufgeführten Nutzen zu ziehen.

3.2   Nutzen und Grenzen aus Sicht des Unternehmens

Der zentrale Nutzen, den ein Unternehmen durch Open Innovation erlangt, liegt im besseren Zugang zu Bedürfnis- sowie Lösungsinformationen, die es in diesem Ausmaß nicht durch den klassischen Innovationsprozess erlangt hätte. Insbesondere kann durch Open Innovation das Wissen mit hohem impliziten

---

[22] Vgl. Reichwald, R./Piller, F.: Open Innovation, 2006, S. 145
[23] Vgl. Reichwald, R. u.a.: Innovationspartner, 2007, S. 74
[24] Vgl. Reichwald, R./Piller, F.: Open Innovation, 2006, S. 148

Charakter, das also schwer übertragbar bzw. unbewusst ist, mit deutlich geringerem Aufwand erschlossen werden, da bspw. mittels der Toolkits bereits vom Kunden kodifizierte Artefakte übermittelt werden. Verglichen mit den vielen Iterationen, die im klassischen Innovationsprozess nötig sind, um das vom Hersteller erdachte Produkt an die Kundenbedürfnisse anzupassen, kann Open Innovation den Innovationsprozess hier deutlich verkürzen und in der Informationsqualität verbessern.[25]

Das Internet ermöglicht eine grenzenlose, zeitunabhängige, internationale Kundeneinbindung, wodurch sich der Zugriff auf einen wesentlich größeren Lösungsraum ergibt. Zum Beispiel tüfteln auf der Innovationsplattform von Innocentive weltweit 125.000 Wissenschaftler und Fachleute an Forschungsproblemen.[26] Kein Unternehmen oder Forschungslabor könnte sich eine solche Zahl an Mitarbeitern leisten.

Aus dem direkten Dialog profitiert das Unternehmen mehrfach: es bekommt ein Feedback auf das bestehende Leistungsangebot, eine fortlaufende Aktualisierung von Kundenpräferenzen zur Einbindung in den Innovationsprozess und die Möglichkeit zum Aufbau einer langfristigen Kundenbindung, da sich diese durch die Interaktion wertgeschätzt fühlen.[27]

Je besser das Kundenwissen erschlossen werden kann, umso differenzierter sind die Informationen über den Gesamtmarkt, desto geringer ist damit auch die marktliche Unsicherheit des Unternehmens. In der Folge wird die Planung von Produkt- und Marketingstrategien vereinfacht.[28]

Andererseits erfordert die Open Innovation eigene Organisations- und Koordinationsmechanismen, deren Durchsetzung, Umsetzung und Kontrolle Kosten verursachen.[29]

Die Kosten der organisatorischen Durchsetzung liegen im Kommunikations- und Zeitaufwand, um die Prinzipien dieser Innovationsstrategie im Unternehmen zu implementieren und innerbetriebliche Widerstände zu überwinden.[30]

Für das Gelingen von Open Innovation ist eine Wissens-/Vertrauens- und Kooperationskultur vonnöten, die unternehmensweit kommuniziert und verankert werden

---

[25] Vgl. auch Reichwald, R./Piller, F.: Open Innovation, 2006, S. 150-151
[26] Merschmann, H.: Internet-Kollaboration, 2008, S. 2
[27] Vgl auch Rüdiger, M.: Kundeneinbindung, 2001, S. 6-7
[28] Vgl. auch Reichwald, R./Piller, F.: Wertschöpfungspartner, 2002, S. 40
[29] Vgl. Reichwald, R./Piller, F.: Open Innovation, 2006, S. 154
[30] Vgl. Reichwald, R./Piller, F.: Open Innovation, 2006, S. 154

muss. Diese Anstrengungen/Kosten fallen umso höher aus, je geschlossener das bisherige Innovationsmanagement im Unternehmen ausgerichtet war. Besondere Gefahr entsteht durch das Not-Invented-Here-Syndrom, sprich die Ablehnung jeglicher von außen stammender Ideen.[31]

Die Auswahl geeigneter Kunden, sowie das Finden passender Infrastrukturen verursachen technische Umsetzungskosten. Diese entstehen durch Aufbau, Pflege und Wartung von Internetplattformen oder Toolkits. Die Identifikation innovativer Kunden erfordert u.u. die Entwicklung besonderer Instrumente wie Screening-Fragebögen. Weitere Kosten verursachen die Kommunikation mit dem Kunden, die Zahlung von Aufwandsentschädigungen oder Vergütungen und die operative Umsetzung, z.B. die Durchführung des Innovationsworkshops.[32]

Ferner entstehen Kosten der Kontrolle von Open Innovation durch die Bewertung der Kundenbeiträge. Gerade im Bereich der Communities entsteht ein hoher Aufwand zur Evaluation innovativer Kundenbeiträge einerseits und zum Aufdecken bzw. Vermeiden missbräuchlichen Verhaltens andererseits.[33]

Auch auf Seiten des Unternehmens bedarf es besonderer Kommunikations- und Kooperationskompetenzen, um Reibungsverluste durch Missverständnisse zu vermeiden. Darüber hinaus besteht die Gefahr des Know-How-Verlustes durch opportunistisches Verhalten der Kunden, wenn diese das Wissen für eigene Zwecke benutzen. Zum anderen kann sich eine zu starke Nischenorientierung bilden, wenn die Gruppe nicht ausreichend heterogen bzw. repräsentativ ist.[34]

Beschränkt wird das Potenzial von Open Innovation durch das bestehende Patentsystem. Die Open-Source Gemeinde hat gezeigt, dass arbeitsteilige Innovation vor allem dann erfolgreich funktioniert, wenn Problemlöser ohne Einschränkungen oder langwierige Lizenzvereinbarungen bestehende Lösungen weiterverwenden können, um so für alle Nutzer eine bessere Leistung zu schaffen.[35] Hier ist ein Umdenken von Unternehmen und Gesetzgeber gefragt.

---

[31] Vgl. Gassmann, O./Enkel, E.: Open Innovation, 2006, S. 134;Vgl. Reichwald, R./Piller, F.: Interaktive Wertschöpfung, 2006, S. 154
[32] Vgl. Reichwald, R./Piller, F.: Open Innovation, 2006, S. 154
[33] Vgl. Reichwald, R./Piller, F.: Open Innovation, 2006, S. 154
[34] Vgl. auch Rüdiger, M.: Kundeneinbindung, 2001, S. 6-7; Vgl. auch Gassmann, O./Kausch, C./Enkel, E.:Einbeziehung, 2005, S.11
[35] Vgl. Kuhlen, R.: Wissensökonomie, 2006, S. 12-23

Abschließend soll ausdrücklich betont werden, dass der Open Innovation Ansatz nicht als Substitut bestehender Innovationsmethoden dient, sondern eine Erweiterung des Innovationsmanagements darstellt.[36]

4 Wettbewerbsvorteile durch Open Innovation

Vorrausgesetzt, dass es dem Unternehmen unter Minimierung der o.a. Kosten und Risiken gelingt, die geeigneten Kunden an der „richtigen" Stelle im Innovationsprozess zu integrieren, lassen sich sowohl das Innovationsrisiko senken als auch der Erfolg der neuen Produkte erhöhen. Idealerweise kommt es zu Wettbewerbsvorteilen aufgrund der Reduktion der Entwicklungszeiten(Time-to-Market), der Reduktion der F&E-Kosten (Cost-to-Market), der Steigerung der Marktakzeptanz (Fit-to-Market) sowie der Steigerung des Innovations-Neuigkeitsgrades (New-to-Market).[37]

Gerade durch immer kürzer werdende Produktlebenszyklen gewinnt die Dimension Zeit an Bedeutung. Open Innovation verkürzt die Entwicklungszeit aufgrund der kooperativen Arbeitsteilung. Gelingt es dem Unternehmen, ein Produkt vor seinen Konkurrenten auf den Markt zu bringen, so übernimmt er die Position eines Quasi-Monopolisten und kann schnell einen hohen Marktanteil erzielen. Das Unternehmen ist somit in der Lage, Erfahrungskurven- und Skaleneffekte sowie die höhere Zahlungsbereitschaft in den frühen Produktlebenszyklusphasen auszunutzen, um Markteintrittsbarrieren aufzubauen. Der frühe Markteintritt unterstützt ferner den Ruf des Innovationsführers.[38]

Ebenso ist der Kostenfaktor für die Produktentwicklung auch im Hinblick des globalen Wettbewerbs mit Billiglohnländern von kritischer Bedeutung. Dementsprechend kann die Senkung der F&E-Kosten die Rentabilität sichern. In der Markteinführungsphase kann ein Lead-User die Bekanntmachung des Produktes forcieren, wenn er als Meinungsführer in einem starken Netzwerk gilt. Die Planung der Marketingstrategie wird erleichtert, weil Marketingmittel dort konzentriert werden, wo sich ein konkretes Potenzial ergibt, so dass die Effizienz und Effektivität der Bearbeitung dieses Marktsegments gesteigert wird.[39]

---

[36] Vgl. Reichwald, R./Piller, F.: Open Innovation, 2006, S. 96
[37] Vgl. Reichwald, R./Piller, F.: Open Innovation, 2006, S. 149-154
[38] Vgl. Reichwald, R./Piller, F.: Open Innovation, 2006, S. 150
[39] Vgl. Reichwald, R./Piller, F.: Wertschöpfungspartner, 2002, S. 40

Die aktive Kundenintegration führt zu einer verbesserten Informationsqualität und zu einer sehr frühen Ausrichtung auf die Belange des Marktes, infolgedessen die Marktakzeptanz steigt. Eine hohe Übereinstimmung der Produkteigenschaften mit den Kundenbedürfnissen zeigt sich in einem geringeren Floprisiko als auch einer deutlich höheren Zahlungsbereitschaft.[40] Hieraus ergeben sich Möglichkeiten einer Kostenführerschaft und einer Differenzierungsstrategie.

Da Lead-User über oft ein weitreichendes Wissen verfügen, führt das öfter zu radikalen Innovationen als jene aus der Domäne des Herstellers.[41] Dabei fördert ein von Kunden wahrgenommener Neuigkeitsgrad ebenfalls das Image eines Innovationsführers. Hier besteht für ein Unternehmen die Möglichkeit, sich das Wissen seiner innovativen Kunden zu Nutze zu machen, indem es die interaktive Wertschöpfung zu seiner Kernkompetenz macht.

5 Fazit und Ausblick

Vor dem Hintergrund des steigenden globalen Wettbewerbs und dem daraus resultierenden Innovationsdruck, bietet Open Innovation eine vielversprechende Ergänzung vorhandener Praktiken im Innovationsmanagement, um den Zugang zu Bedürfnis- und Lösungsinformationen und somit die Innovationskraft zu vergrößern und Unsicherheiten im Innovationsprozess sowie Flopraten zu reduzieren. Die systematische Einbindung des aktiven Kunden ermöglicht eine Maximierung der Kundenorientierung und damit einen besseren Fit zwischen den Bedürfnissen des Marktes und den Produkteigenschaften, was die Bildung von Wettbewerbsvorteilen erlaubt.

In der Praxis finden sich bereits zahlreiche Beispiele, wie Unternehmen durch Open Innovation weitreichende Erfolge erzielt haben. Manche gelangen sogar erst durch die Öffnung der Unternehmensgrenzen wieder zu alter Leistungsfähigkeit. Durch die Entwicklungen der I&K-Techniken scheint das Potenzial von Open Innovation grenzenlos. Die Gradwanderung vom Kunden selber zum produzierenden Unternehmer zu werden ist gering, denn es ist gerade durch Open Innovation noch nie so einfach gewesen, Produkte anzubieten. In der Folge entstehen viele kleine Unternehmen, die sich die Vorteile von Open Innovation zu Nutze machen.

[40] Vgl. Schreier, M./Mair am Tinkhof, A./Franke,N.: Analyse, 2006, S. 196; Vgl. von Hippel,E.:Innovation, 2006, S. 40-43
[41] Vgl. von Hippel,E.:Innovation, 2006, S. 19-31, 71, 137

Doch trotz der Präsenz und Lobeshymnen in der Presse, gilt es zu bedenken, dass Open Innovation kein Allheilmittel für unternehmerischen Erfolg ist. Es wird weiter Branchen geben, die weitreichende Erfolge mit oder gerade durch den geschlossenen Innovationsprozess erzielen. Genauso wie manche Unternehmen trotz Open Innovation scheitern werden.

Mögliche Negativfolgen einer flächendeckenden Anwendung von Open Innovation finden in Presse und Wissenschaft wenig Interesse. Dabei sind diverse Szenarien denkbar. Als Beispiel nehme ich die Firma Spreadshirt, die über ihre Plattform von Kunden designte T-Shirts verkauft. 2006 rief Spreadshirt ihre Communitiy auf, ein Firmenlogo zu entwickeln. Eine teure Agenturleistung wurde in diesem Wettbewerb mit einer Gewinnsumme von 5000€ prämiert, die unter den ersten Plätzen aufgeteilt wurde. Stellt man sich nun vor, dass die Mehrzahl der Unternehmen solche Leistungen von Kunden bezieht, deren finanzielles Interesse eben nicht dominiert, so ist auch vorstellbar, dass Wettbewerbsverzerrungen und Preiskämpfe in diesem Branchensegment entstehen.

Die Umsetzung von Open Innovation als breites Organisationsprinzip steckt noch in den Kinderschuhen. Dabei revolutioniert die Umsetzung grenzenloser Innovationskooperation Denk-, Unternehmens- und Marktstrukturen, sowie Gesetzgebung und Gesellschaftsstrukturen. Über Geschwindigkeit und Richtung von Open Innovation entscheidet dabei der Kunde. Das ist wirklich Innovation.

12

Literaturverzeichnis

Bittelmeyer, Andrea:[Croudsourcing, 2008] Ideen von Millionen, Croudsourcing, in: Manager Seminare, 127 (10/2008), S. 19-22

Gassmann, Oliver/Enkel, Ellen: [Open Innovation, 2006]: Open Innovation, Die Öffnung des Innovationspotenzials erhöht das Innovationspotenzial, in: Zeitschrift Führung und Organisation 75 (3/2006), S. 132-138

Gassmann, Oliver/Kausch, Christopher/Enkel, Ellen:[Einbeziehung, 2005], Einbeziehung des Kunden in einer frühen Phase des Innovationsprozesses, in: Thexis 2.2005, S. 9-12

Herstatt, Cornelius/Lüthje, Christian/Lettl, Christopher: [Fortschrittliche Kunden, 2002]: Wie fortschrittliche Kunden zu Innovationen stimulieren, in: Harvard Business Manager 24 (1/2002), S. 60-68

Innocentive:[Challenges, 2008]: http://www.innocentive.com, 04.10.2008

Kuhlen, Rainer:[Wissensökonomie, 2006];Open Innovation: Teil einer nachhaltigen Wissensökonomie, in: Drossou, Olga/ Krempl, Stefan/ Poltermann, Andreas (Hrsg.): Wunderbare Wissensvermehrung, 1. Auflage, Hannover, 2006, S. 12-23

Lüthje, Christian:[Kundenorientierung, 2007]: Methoden zur Sicherstellung von Kundenorientierung in den frühen Phasen des Innovationsprozesses, in: Herstatt, Cornelius/ Verworn, Birgit (Hrsg.): Management der frühen Innovationsphasen, 2. Aufl., Wiesbaden 2007, S. 39-60

Merschmann, Helmut:[Internet-Kollaboration, 2008], Standpunkt: Strategieberater Don Tapscott sagt ökonomische Revolution im Netz voraus- Internet-Kollaboration mit externen Experten, in: VDI, Nr. 25, S. 2

Reichwald, Ralf u.a.: [Innovationspartner, 2007], Der Kunde als Innovationspartner, 1. Auflage, Wiesbaden, 2007

Reichwald, Ralf/Piller, Frank:[Open Innovation, 2006], Interaktive Wertschöpfung, Open Innovation, Individualisierung und neue Formen der Arbeitsteilung, 1. Aufl., Wiesbaden 2006.

Reichwald, Ralf/Piller, Frank:[Wertschöpfungspartner, 2002]: Der Kunde als Wertschöpfungspartner: Formen und Prinzipien, in: Albach, Horst; Wildemann, Horst (Hg.): Wertschöpfungsmanagement als Kernkompetenz. Festschrift für Horst Wildemann. 1. Aufl. Wiesbaden: Gabler, S. 27–52.

Rüdiger, Mathias:[Kundeneinbindung, 2001], E-Costumer-Potenziale der internetbasierten Kundeneinbindung in Innovationsprozesse, Vallendar, 2001

Schreier, Martin/Mair am Tinkhof, Astrid/Franke, Nikolaus:[Analyse, 2006], Warum Toolkits for User Innovation and Design für ihre Nutzer Wert schaffen: eine qualitative Analyse, in: Die Unternehmnung, 60 (3/2006) S. 185-201

von Hippel, Eric/Thomke, Stefan/Sonnack, Mary:[Breakthroughs, 2001], Creating Breakthroughs at 3M, in: Harvard Business Review on Innovation, Boston, 2001

von Hippel, Eric:[Innovation, 2006]: Democratizing Innovation, 2. Aufl., Cambridge, 2006

Wildemann, Horst:[Innovation, 2008]: Innovation am Kunden vorbei, in: Harvard Business Manager 98 (3/2008), S. 8-13